Моя двомовна книжка з малюнками

Min tvåspråkiga bilderbok

Найліпші дитячі історії Зефи в одній збірці

Ulrich Renz • Barbara Brinkmann:

Солодких снів, маленький вовчику · Sov gott, lilla vargen

Для дітей від 2 років

Cornelia Haas • Ulrich Renz:

Мій найпрекрасніший сон · Min allra vackraste dröm

Від 2 років

Ulrich Renz • Marc Robitzky:

Дикі лебіді · De vilda svanarna

Взяті з казки Ганса Крістіана Андерсен

Від 5 років

© 2024 by Sefa Verlag Kirsten Bödeker, Lübeck, Germany. www.sefa-verlag.de

Special thanks to Paul Bödeker, Freiburg, Germany

All rights reserved.

ISBN: 9783756305544

Читати · Слухати · Розуміти

Переклад:

Svetlana Hordiyenko, Lesya and Maryna Skintey (українською)

Katrin Bienzle Arruda (шведською)

Аудіо та відео:

www.sefa-bilingual.com/bonus

Пароль для вільного доступу:

українською: LWUK3020

шведською: LWSV2831

На добраніч, Тіме! Ми пошукаємо завтра.
А зараз солодких снів!

God natt, Tim! Vi fortsätter att leta imorgon.
Sov nu så gott!

Надворі вже темно.

Det är redan mörkt ute.

Що там робить Тім?

Vad gör Tim där?

Він йде надвір до дитячого майданчика.

Що він там шукає?

Han går ut till lekplatsen.

Vad är det han letar efter?

Маленького вовчика!

Без нього він не може заснути.

Den lilla vargen!

Han kan inte sova utan den.

Хто там іде?

Vem är det nu som kommer?

Марійка! Вона шукає свій м'яч.

Marie! Hon letar efter sin boll.

А що шукає Тобі?

Och vad letar Tobi efter?

Свій екскаватор.

Sin grävmaskin.

А що шукає Нала?

Och vad letar Nala efter?

Свою ляльку.

Sin docka.

Хіба не треба дітям спати?
Дуже здивувалася кицька.

Måste inte barnen gå och lägga sig?
Undrar katten.

А хто там ще іде?

Vem kommer nu?

Тімині мама і тато!
Без Тіма вони не можуть заснути.

Tims mamma och pappa!
Utan deras Tim kan de inte sova.

А ось ще хтось іде! Марійчин тато.

Тобін дідусь. І Налина мама.

Och nu kommer ännu fler! Maries pappa.

Tobis morfar. Nalas mamma.

А зараз мерщій у ліжко!

Nu skyndar vi oss i säng!

На добраніч, Тіме!
Завтра ми вже не повинні нічого шукати.

God natt, Tim!
Imorgon behöver vi inte leta mer!

Солодких снів, маленький вовчику!

Sov gott, lilla vargen!

Cornelia Haas • Ulrich Renz

Мій найпрекрасніший сон

Min allra vackraste dröm

Переклад:

Valeria Baden (українською)

Narona Thordsen (шведською)

Аудіо та відео:

www.sefa-bilingual.com/bonus

Пароль для вільного доступу:

українською: **BDUK3020**

шведською: **BDSV2831**

Лулу не спиться. Усі інші вже бачать сни:
і акула, і слон, і маленька мишка, і дракон, і кенгуру, і лицар, і мавпа, і пілот. І левеня. Навіть у ведмежатка заплющуються очі…

Гей, Ведмедику, візьмеш мене до свого сну?

Lulu kan inte somna. Alla andra drömmer redan – hajen, elefanten, den lilla musen, draken, kängurun, riddaren, apan, piloten. Och lejonungen. Även björnen kan nästan inte hålla ögonen öppna … Du björn, kan du ta med mig in i din dröm?

І от Лулу в країні сновидінь ведмедя. Ведмедик ловить рибу в озері Тагаюмі. Та Лулу питає себе, хто би міг жити зверху на деревах? Сон закінчився, але Лулу хоче ще більше пригод. Давай навідаємося до акули! Що може їй снитися?

Och med det så finner sig Lulu i björnarnas drömland. Björnen fångar fisk i Tagayumisjön. Och Lulu undrar, vem skulle kunna bo där uppe i träden? När drömmen är slut vill Lulu uppleva ännu mer. Följ med, vi hälsar på hajen! Vad kan han drömma om?

Акула грає з рибами у квача. Нарешті у неї є друзі! Ніхто не боїться її гострих зубів.

Сон закінчився, але Лулу хоче більше пригод. Давай навідаємося до слона! Що може йому снитися?

Hajen leker tafatt med fiskarna. Äntligen har han vänner! Ingen är rädd för hans spetsiga tänder.

När drömmen är slut vill Lulu uppleva ännu mer. Följ med, vi hälsar på elefanten! Vad kan han drömma om?

Слон – легкий, як пір'їнка, і може літати! Ось він приземляється на небесну галявину.

Сон закінчився, але Лулу хоче ще більше пригод. Давай навідаємося до маленької мишки! Що може їй снитися?

Elefanten är lika lätt som en fjäder och kan flyga! Snart landar han på den himmelska ängen.

När drömmen är slut vill Lulu uppleva ännu mer. Följ med, vi hälsar på den lilla musen! Vad kan hon drömma om?

Маленька мишка спостерігає за ярмарком. Найбільше їй подобаються американські гірки.

Сон закінчився, але Лулу хоче ще більше пригод. Давай навідаємося до дракона! Що може йому снитися?

Den lilla musen är på ett tivoli. Mest gillar hon berg- och dalbanan. När drömmen är slut vill Lulu uppleva ännu mer. Följ med, vi hälsar på draken. Vad kan hon drömma om?

Дракона мучить спрага, бо він довго плювався вогнем. Він готовий випити ціле озеро лимонаду.

Сон закінчився, але Лулу хоче ще більше пригод. Давай навідаємося до кенгуру! Що може йому снитися?

Draken är törstig av att ha sprutat eld. Hon skulle vilja dricka upp hela sockerdrickasjön.

När drömmen är slut vill Lulu uppleva ännu mer. Följ med, vi hälsar på kängurun! Vad kan hon drömma om?

Кенгуру стрибає по кондитерській фабриці та набиває собі повну сумку. Ще більше синіх солодощів! І ще льодяників! І шоколаду! Сон закінчився, але Лулу хоче ще більше пригод. Давай навідаємося до лицаря! Що може йому снитися?

Kängurun hoppar genom godisfabriken och stoppar sin pung full. Ännu fler av de blåa karamellerna! Och ännu fler klubbor! Och choklad!
När drömmen är slut vill Lulu uppleva ännu mer. Följ med, vi hälsar på riddaren. Vad kan han drömma om?

Лицар влаштує тортовий бій із принцесою своєї мрії. Ой, лишенько! Повз пролітає вершковий торт!

Сон закінчився, але Лулу хоче ще більше пригод. Давай навідаємося до мавпи! Що може їй снитися?

Riddaren har tårtkrig med sin drömprinsessa. Oj! Gräddtårtan missar! När drömmen är slut vill Lulu uppleva ännu mer. Följ med, vi hälsar på apan! Vad kan han drömma om?

Нарешті у країні мавп випав сніг! Уся мавпяча зграя з'їхала з глузду та вчинила балаган.

Сон закінчився, та Лулу хоче ще більше пригод. Давай навідаємося до пілота! У якому сні він приземлився?

Äntligen har det snöat i aplandet! Hela apgänget är helt uppspelta och gör rackartyg.

När drömmen är slut vill Lulu uppleva ännu mer. Följ med, vi hälsar på piloten! I vilken dröm kan han ha landat i?

Пілот летить і летить. До краю землі та ще далі до зірок. Це не вдавалося жодному пілотові.

Коли сон закінчився, всі були втомлені й не хотіли більше ніяких пригод. Але до левенятка все ж вирішили навідатися. Що може йому снитися?

Piloten flyger och flyger. Ända till världens ände och ännu längre, ända till stjärnorna. Ingen pilot har någonsin klarat av detta tidigare.

När drömmen är slut så är alla väldigt trötta och känner inte för att uppleva mycket mer. Men lejonungen vill de fortfarande hälsa på. Vad kan hon drömma om?

Левенятко сумує за домівкою та хоче назад у своє тепле і затишне ліжко.
Та й усі інші також.

І тоді починається ...

Lejonungen har hemlängtan och vill tillbaka till sin varma mysiga säng.
Och de andra med.

Och där börjar ...

... найпрекрасніший сон Лулу.

... Lulus
allra vackraste dröm.

Ulrich Renz • Marc Robitzky

Дикі лебіді

De vilda svanarna

Переклад:

Vsevolod Orlov (українською)

Narona Thordsen (шведською)

Аудіо та відео:

www.sefa-bilingual.com/bonus

Пароль для вільного доступу:

українською: **WSUK3020**

шведською: **WSSV2831**

Ulrich Renz · Marc Robitzky

Дикі лебіді

De vilda svanarna

Взяті з казки

Ганса Крістіана Андерсена

українською — на двох мовах — шведською

Давним-давно жили-були у короля дванадцять дітей—одинадцять братів та їхня старша сестра Еліза. Вони жили щасливо у прекрасному палаці.

Det var en gång tolv kungabarn—elva bröder och en storasyster, Elisa. De levde lyckliga i ett underbart vackert slott.

Одного дня королева померла, і через деякий час король одружився вдруге. Але нова дружина була злобною відьмою. Вона зачарувала одинадцять принців, перетворивши їх на лебедів, та відправила їх у далеку країну, яка знаходилася біля дрімучого лісу.

En dag dog modern, och efter en tid gifte sig kungen på nytt. Men den nya kvinnan var en elak häxa. Hon förtrollade de elva prinsarna så att de blev svanar och skickade dem långt bort till ett fjärran land bakom den stora skogen.

Дівчинку вона одягнула у лахи та вилила на її лице гидку мазь так, що навіть рідний батько не впізнав її та вигнав із замку. Еліза втекла у темний ліс.

Flickan klädde hon i trasor och smörjde in henne med en ful salva i ansiktet så att den egna fadern inte längre kände igen henne och jagade bort henne från slottet. Elisa sprang in i den mörka skogen.

Там була вона зовсім самотня і всім серцем сумувала за своїми зниклими братами. Увечері вона зробила під деревами ліжко з моху.

Nu var hon helt ensam och längtade efter hennes försvunna bröder med hela sitt hjärta. När det blev kväll bäddade hon en säng av mossa under träden.

Наступного ранку вона прийшла до тихого озера та, побачивши своє відображення, злякалась. Вона вмилася і знов стала найкрасивішою принцесою у всьому світі.

Nästa morgon kom hon fram till en lugn sjö och blev förskräckt när hon däri såg sin spegelbild. Men efter att hon hade tvättat sig var hon det vackraste kungabarnet på jorden.

Минуло декілька днів, та Еліза дійшла до великого моря, на хвилях якого гойдалися одинадцять лебедів.

Efter många dagar nådde Elisa det stora havet. På vågorna gungade elva svanfjädrar.

Як зійшло сонце, вона почула шум—то одинадцять диких лебедів опустилися на воду. Еліза одразу ж впізнала своїх зачарованих братів, але вона не могла зрозуміти їх, бо вони говорили лебединою мовою.

När solen gick ner hördes ett sus i luften och elva vilda svanar landade på vattnet. Elisa kände genast igen sina förtrollade bröder. Men för att dom talade svanspråket kunde hon inte förstå dem.

Удень лебеді зникали, а вночі брати та сестра ніжно притискалися один до одного у печері.

Якось вночі Елізі наснився дивний сон: її мати сказала їй, як вона може звільнити братів від чар. Вона мала виплести з кропиви по сорочці для кожного лебедя та накинути їх на них. Але до того часу з її вуст не має вилетіти жодного слова, інакше її брати загинуть.
Еліза одразу ж взялася до роботи. Хоча її руки пекло вогнем, вона невтомно плела.

På dagen flög svanarna bort, under natten kurade syskonen ihop sig i en grotta.

En natt hade Elisa en besynnerlig dröm: Hennes mor sade till henne hur hon kunde befria sina bröder. Av nässlor skulle hon sticka en skjorta för varje svan och dra den över den. Men tills dess får hon inte tala ett enda ord, annars måste hennes bröder dö.
Elisa började genast med arbetet. Trots att hennes händer sved som brända med eld stickade hon outtröttligt.

Одного дня десь вдалині залунав мисливській ріг. Принц зі своїми підданими прискакав на коні та вже незабаром стояв перед Елізою. Як тільки вони подивились один одному в вічі, то одразу ж закохалися.

En dag ljöd jakthorn i fjärran. En prins kom ridande med sitt följe och stod snart framför henne. När de såg in i varandras ögon blev de förälskade i varandra.

Принц посадив Елізу на свого коня та поскакав із нею у свій палац.

Prinsen lyfte upp Elisa på sin häst och red med henne till sitt slott.

Але могутній радник принца аж ніяк не радів приїзду мовчазної красуні, тому що його власна донька мала стати нареченою принца.

Den mäktige skattmästaren var allt annat än glad över ankomsten av den stumma vackra. Hans egen dotter skulle bli prinsens brud.

Еліза не забула про своїх братів. Кожен вечір вона продовжувала плести сорочки. Якось вночі вона пішла на цвинтар нарвати свіжої кропиви, а радник непомітно стежив за нею.

Elisa hade inte glömt sina bröder. Varje kväll fortsatte hon att arbeta med skjortona. En natt gick hon ut till kyrkogården för att hämta färska nässlor. Samtidigt blev hon hemligt iakttagen av skattmästaren.

Коли принц поїхав на полювання, радник кинув Елізу у темницю. Радник заявив, що вона відьма, яка по ночах зустрічається з іншими відьмами на цвинтарі.

Så snart som prinsen var på en jaktutflykt lät skattmästaren slänga Elisa i fängelsehålan. Han hävdade att hon var en häxa som mötte andra häxor på natten.

На світанку Елізу схопили вартові. Її мали спалити на ринковій площі.

I gryningen blev Elisa hämtad av vakterna. Hon skulle brännas på torget.

Ледь вона опинилася там, як раптом прилетіли одинадцять білих лебедів. Еліза швидко накинула на кожного панцир-сорочку. Перед нею встали всі її брати у людській подобі. Тільки у наймолодшого, чия сорочка була недоплетена, замість однієї руки було лебедине крило.

De hade knappast kommit fram när plötsligt elva vita svanar kom flygande. Snabbt drog Elisa en nässelskjorta över var och en. Snart stod alla hennes bröder framför henne som människofigurer. Bara den yngsta, vars skjorta inte hade blivit helt färdig, behöll en vinge istället för en arm.

Коли повернувся принц, обіймам та поцілункам сестри та братів не було кінця. Нарешті Еліза змогла все розповісти йому. Принц наказав кинути злого радника до в'язниці. А потім усі сім днів святкували весілля.

І жили вони довго та щасливо.

Syskonens kramande och pussande hade inte tagit slut än när prinsen kom tillbaka. Äntligen kunde Elisa förklara alltihopa. Prinsen lät den elake skattmästaren slängas i fängelsehålan. Och sedan firade de bröllop i sju dagar.

Och så levde de lyckliga i alla sina dagar.

Ганс Крістіан Андерсен

Hans Christian Andersen was born in the Danish city of Odense in 1805, and died in 1875 in Copenhagen. He gained world fame with his literary fairy-tales such as „The Little Mermaid", „The Emperor's New Clothes" and „The Ugly Duckling". The tale at hand, „The Wild Swans", was first published in 1838. It has been translated into more than one hundred languages and adapted for a wide range of media including theater, film and musical.

Barbara Brinkmann was born in Munich in 1969 and grew up in the foothills of the Bavarian Alps. She studied architecture in Munich and is currently a research associate in the Department of Architecture at the Technical University of Munich. She also works as a freelance graphic designer, illustrator, and author.

Корнелія Хаас народилася 1972 року неподалік від міста Аугсбург (Німеччина). Після навчання в Університеті прикладних наук у м. Мюнстер вона отримала диплом дизайнера. З 2001 року ілюструє книги для дітей та підлітків, з 2013 року є професоркою Університету Мюнстера за фахом „Акриловий та цифровий живопис".

Marc Robitzky, born in 1973, studied at the Technical School of Art in Hamburg and the Academy of Visual Arts in Frankfurt. He works as a freelance illustrator and communication designer in Aschaffenburg (Germany).

Ульріх Ренц народився у Штутгарті (Німеччина) у 1960 році. Після вивчення французької літератури у Парижі він закінчив медичиний університет у Любеці та керував видавничою компанією з наукової літератури. В даний час являється авторов науково-популярних та художніх книг.

Вам подобається малювати?

Ось малюнки з історії для розфарбовування:

www.sefa-bilingual.com/coloring

www.ingramcontent.com/pod-product-compliance
Lightning Source LLC
LaVergne TN
LVHW070450080526
838202LV00035B/2792